M000013582

THIS BOOK
CONTAINS QUOTES FROM:
Nicole Smith

Date:

"

student name:

Date:

"

student name:

Date:

"

student name:

Date:

"

"

student name:

Date:

"

"

student name:

Date:

"

"

student name:

Date:

"

"

student name:

Date:

"

"

student name:

Date:

"

"

student name:

Date:

"

student name:

Date:

"

student name:

Date:

"

student name:

Date:

"

"

student name:

Date:

"

"

student name:

Date:

"

"

student name:

Date:

"

student name:

Date:

"

student name:

Date:

"

student name:

Date:

"

"

student name:

Date:

"

"

student name:

Date:

"

"

student name:

Date:

"

"

Student name:

Date:

"

"

Student name:

Date:

"

"

Student name:

Date:

"

"

Student name:

Date:

"

"

Student name:

Date:

"

"

Student name:

Date:

"

"

student name:

Date:

"

"

student name:

Date:

"

"

student name:

Date:

"_____

_____

_____

_____

_____ "

student name:

Date:

"_____

_____

_____

_____

_____ "

student name:

Date:

"_____

_____

_____

_____

_____ "

student name:

Date:

" _____

_____

_____

_____

_____ "

student name:

Date:

" _____

_____

_____

_____

_____ "

student name:

Date:

" _____

_____

_____

_____

_____ "

student name:

Date:

" _____

_____

_____

_____

_____ "

student name: _____

Date:

" _____

_____

_____

_____

_____ "

student name: _____

Date:

" _____

_____

_____

_____

_____ "

student name: _____

Date:

"

"

Student name:

Date:

"

"

Student name:

Date:

"

"

Student name:

Date:

"

"

student name:

Date:

"

"

student name:

Date:

"

"

student name:

Date:

"

"

student name:

Date:

"

"

student name:

Date:

"

"

student name:

Date:

"

"

STUDENT name:

Date:

"

"

STUDENT name:

Date:

"

"

STUDENT name:

Date:

"

"

student name:

Date:

"

"

student name:

Date:

"

"

student name:

Date:

"

"

Student name:

Date:

"

"

Student name:

Date:

"

"

Student name:

Date:

"

"

student name:

Date:

"

"

student name:

Date:

"

"

student name:

Date:

"

"

student name:

Date:

"

"

student name:

Date:

"

"

student name:

Date:

" _____

_____

_____

_____

_____ "

student name: _____

Date:

" _____

_____

_____

_____

_____ "

student name: _____

Date:

" _____

_____

_____

_____

_____ "

student name: _____

Date:

"

"

student name:

Date:

"

"

student name:

Date:

"

"

student name:

Date:

"

»

student name:

Date:

"

»

student name:

Date:

"

»

student name:

Date:

"

"

STUDENT NAME:

Date:

"

"

STUDENT NAME:

Date:

"

"

STUDENT NAME:

Date:

"

"

student name:

Date:

"

"

student name:

Date:

"

"

student name:

Date:

"

student name:

Date:

"

student name:

Date:

"

student name:

Date:

"

"

student name:

Date:

"

"

student name:

Date:

"

"

student name:

Date:

"

"

student name:

Date:

"

"

student name:

Date:

"

"

student name:

Date:

"

"

student name:

Date:

"

"

student name:

Date:

"

"

student name:

Date:

"

"

Student name:

Date:

"

"

Student name:

Date:

"

"

Student name:

Date:

"

"

Student name:

Date:

"

"

Student name:

Date:

"

"

Student name:

Date:

"

Student name:

Date:

"

Student name:

Date:

"

Student name:

Date:

"

"

student name:

Date:

"

"

student name:

Date:

"

"

student name:

Date:

"

Student name:

Date:

"

Student name:

Date:

"

Student name:

Date:

"

"

student name:

Date:

"

"

student name:

Date:

"

"

student name:

Date:

"

"

student name:

Date:

"

"

student name:

Date:

"

"

student name:

Date:

"

student name:

Date:

"

student name:

Date:

"

student name:

Date:

"

"

student name:

Date:

"

"

student name:

Date:

"

"

student name:

Date:

"

»

student name:

Date:

"

»

student name:

Date:

"

»

student name:

Date:

"

»»

student name:

Date:

"

»»

student name:

Date:

"

»»

student name:

Date:

"

"

Student name:

Date:

"

"

Student name:

Date:

"

"

Student name:

Date:

"

"

student name:

Date:

"

"

student name:

Date:

"

"

student name:

Date:

"

"

student name:

Date:

"

"

student name:

Date:

"

"

student name:

Date:

"

"

student name:

Date:

"

"

student name:

Date:

"

"

student name:

Date:

"

Student name:

Date:

"

Student name:

Date:

"

Student name:

Date:

"

"

student name:

Date:

"

"

student name:

Date:

"

"

student name:

Date:

" _____

_____

_____

_____ ”

student name:

Date:

" _____

_____

_____

_____ ”

student name:

Date:

" _____

_____

_____

_____ ”

student name:

Date:

"

"

student name:

Date:

"

"

student name:

Date:

"

"

student name:

Date:

"

"

student name:

Date:

"

"

student name:

Date:

"

"

student name:

Date:

"

"

Student name:

Date:

"

"

Student name:

Date:

"

"

Student name:

Date:

"

_____

_____

_____

_____

                                                              ""

student name:

Date:

"

_____

_____

_____

_____

                                                              ""

student name:

Date:

"

_____

_____

_____

_____

                                                              ""

student name:

Date:

"

,,

student name:

Date:

"

,,

student name:

Date:

"

,,

student name:

Date:

" _____

_____

_____

_____

_____ "

student name:

Date:

" _____

_____

_____

_____

_____ "

student name:

Date:

" _____

_____

_____

_____

_____ "

student name:

Date:

"   "

Student name:

Date:

"   "

Student name:

Date:

"   "

Student name:

Date:

"

"

student name:

Date:

"

"

student name:

Date:

"

"

student name:

Date:

"

"

student name:

Date:

"

"

student name:

Date:

"

"

student name:

Date:

"

"

Student name:

Date:

"

"

Student name:

Date:

"

"

Student name:

Date:

" _____

_____

_____

_____

_____ "

Student name:

Date:

" _____

_____

_____

_____

_____ "

Student name:

Date:

" _____

_____

_____

_____

_____ "

Student name:

Date:

"

"

student name:

Date:

"

"

student name:

Date:

"

"

student name:

Date:

" _____

_____

_____

_____ "

Student name:

Date:

" _____

_____

_____

_____ "

Student name:

Date:

" _____

_____

_____

_____ "

Student name:

Date:

"

student name:

Date:

"

student name:

Date:

"

student name:

Date:

"

student name:

Date:

"

student name:

Date:

"

student name:

Date:

"

"

student name:

Date:

"

"

student name:

Date:

"

"

student name:

Date:

"

""

student name:

Date:

"

""

student name:

Date:

"

""

student name:

Date:

"

"

student name:

Date:

"

"

student name:

Date:

"

"

student name:

Date:

"

"

Student name:

Date:

"

"

Student name:

Date:

"

"

Student name:

Date:

"

"

student name:

Date:

"

"

student name:

Date:

"

"

student name:

Date:

"

"

student name:

Date:

"

"

student name:

Date:

"

"

student name:

Date:

"

"

student name:

Date:

"

"

student name:

Date:

"

"

student name:

Date:

"

"

student name:

Date:

"

"

student name:

Date:

"

"

student name:

Date:

"

"

student name:

Date:

"

"

student name:

Date:

"

"

student name:

Date:

"

student name:

Date:

"

student name:

Date:

"

student name:

Date:

"

"

student name:

Date:

"

"

student name:

Date:

"

"

student name:

Date:

"

"

student name:

Date:

"

"

student name:

Date:

"

"

student name:

Date:

"

"

student name:

Date:

"

"

student name:

Date:

"

"

student name:

Date:

" _____

_____

_____

_____

_____ "

student name:

Date:

" _____

_____

_____

_____

_____ "

student name:

Date:

" _____

_____

_____

_____

_____ "

student name:

Date:

"

"

student name:

Date:

"

"

student name:

Date:

"

"

student name:

Date:

"

"

STUDENT NAME:

Date:

"

"

STUDENT NAME:

Date:

"

"

STUDENT NAME:

Date:

"

"

student name:

Date:

"

"

student name:

Date:

"

"

student name:

Date:

" _____

_____

_____

_____ "

STUDENT NAME:

Date:

" _____

_____

_____

_____ "

STUDENT NAME:

Date:

" _____

_____

_____

_____ "

STUDENT NAME:

Date:

"

"

student name:

Date:

"

"

student name:

Date:

"

"

student name:

Date:

"

student name:

Date:

"

student name:

Date:

"

student name:

Date:

"

"

student name:

Date:

"

"

student name:

Date:

"

"

student name:

Date:

"

"

student name:

Date:

"

"

student name:

Date:

"

"

student name:

Date:

"

"

student name:

Date:

"

"

student name:

Date:

"

"

student name:

Date:

"

"

student name:

Date:

"

"

student name:

Date:

"

"

student name:

Date:

"

"

student name:

Date:

"

"

student name:

Date:

"

"

student name:

Date:

"

student name:

Date:

"

student name:

Date:

"

student name:

Date:

"

"

student name:

Date:

"

"

student name:

Date:

"

"

student name:

Date:

"

"

student name:

Date:

"

"

student name:

Date:

"

"

student name:

Date:

" _____

_____

_____

_____

_____ "

student name: _____

Date:

" _____

_____

_____

_____

_____ "

student name: _____

Date:

" _____

_____

_____

_____

_____ "

student name: _____

Date:

"

 "

student name:

Date:

"

 "

student name:

Date:

"

 "

student name:

Date:

"

"

student name:

Date:

"

"

student name:

Date:

"

"

student name:

Date:

"

"

student name:

Date:

"

"

student name:

Date:

"

"

student name:

Date:

"

"

Student name:

Date:

"

"

Student name:

Date:

"

"

Student name:

Date:

"

student name:

Date:

"

student name:

Date:

"

student name:

Date:

"

"

student name:

Date:

"

"

student name:

Date:

"

"

student name:

Date: "

student name:

Date: "

student name:

Date: "

student name:

Date:

"

"

student name:

Date:

"

"

student name:

Date:

"

"

student name:

Date:

"

student name:

Date:

"

student name:

Date:

"

student name:

Date:

"

"

student name:

Date:

"

"

student name:

Date:

"

"

student name:

Date:

"

"

STUDENT NAME:

Date:

"

"

STUDENT NAME:

Date:

"

"

STUDENT NAME:

Date:

"

"

student name:

Date:

"

"

student name:

Date:

"

"

student name:

Date:

"

»»

Student name:

Date:

"

»»

Student name:

Date:

"

»»

Student name:

Date:

"

"

Student name:

Date:

"

"

Student name:

Date:

"

"

Student name:

Date:

"

student name:

Date:

"

student name:

Date:

"

student name: